Alzheimer

M. A. Sánchez-Ostiz
Ilustrações: Maria Luisa Sánchez-Ocaña

Alzheimer
A história da doença
e a vida do médico que a descobriu

Dados Internacionais de Catalogação na Publicação (CIP)
(Câmara Brasileira do Livro, SP, Brasil)

Sánchez-Ostiz, M. A.

    Alzheimer : a história da doença e a vida do médico que a descobriu / M. A. Sánchez-Ostiz ; ilustrações Maria Luisa Sánchez-Ocaña ; [tradutor José Afonso Beraldin]. – São Paulo : Paulinas, 2013.

    Título original: Alois.
    ISBN 978-85-356-3536-2

    1. Alzheimer, Alois, 1864-1915 - História 2. Doença de Alzheimer 3. Doença de Alzheimer - Literatura infantojuvenil I. Sánchez-Ocaña, Maria Luisa. II. Título.

13-05229   CDD-028.5

Índices para catálogo sistemático:

1. Alzheimer : Literatura infantojuvenil 028.5
2. Alzheimer : Literatura juvenil 028.5

1ª edição – 2013

Título original da obra: *Alois Alzheimer*

© Foro QPEA

Direção-geral: *Bernadete Boff*
Editora responsável: *Andréia Schweitzer*
Tradução: *José Afonso Beraldin*
Copidesque: *Mônica Elaine G. S. da Costa*
Coordenação de revisão: *Marina Mendonça*
Revisão: *Sandra Sinzato*
Gerente de produção: *Felício Calegaro Neto*
Produção de arte: *Telma Custódio*

Nenhuma parte desta obra pode ser reproduzida ou transmitida por qualquer forma e/ou quaisquer meios (eletrônico ou mecânico, incluindo fotocópia e gravação) ou arquivada em qualquer sistema ou banco de dados sem permissão escrita da Editora. Direitos reservados.

Paulinas
Rua Dona Inácia Uchoa, 62
04110-020 – São Paulo – SP (Brasil)
Tel.: (11) 2125-3500
http://www.paulinas.org.br – editora@paulinas.com.br
Telemarketing e SAC: 0800-7010081
© Pia Sociedade Filhas de São Paulo – São Paulo, 2013

*Aos meus pais,
e ao meu irmão Álvaro.*

A Alois Alzheimer, que descobriu a doença que leva o seu nome.

A todas as pessoas para quem o Mal de Alzheimer tem nome próprio.

— Vovô, o que é que a amiga da vovozinha tem?

— Cristina, a amiga da vovó está doente.

— Como quando eu não vou para a escola?

— Bem... não, não é bem assim. Ela está doente de outra coisa.

— De outra coisa?

— Sim. Ela tem uma doença chamada Alzheimer.

— Alzheimer? Que nome estranho! Por que se chama assim?

Explicar o Mal de Alzheimer para uma menina de seis anos não era nada fácil. O avô de Cristina ficou pensativo.

— Vovô, o que é Alzheimer? — insistiu Cristina.

— Olha só — decidiu-se o vovô —, eu não sei explicar isso muito bem, mas não se preocupe. Sabe o que vamos fazer? Vou pedir à História que explique tudo direitinho a você.

— Oba! Você vai me contar uma história, vovô?

O avô sorriu e explicou:

— Há dois tipos de história: aquelas que você gosta de ouvir antes de dormir — com fadas, bruxas, príncipes e princesas —, que são bonitas, mas não são "de verdade", e outras, que contam o que realmente aconteceu com as pessoas e os países no passado, para que a gente não se esqueça. Cada pessoa tem sua história. Eu tenho a minha e você tem a sua. E cada país também tem sua história, feita com as várias histórias de cada pessoa.

Cristina ficou pensativa. *O vovô tem a história dele, eu tenho minha história... O papai tem uma história, mamãe tem outra...*

— Vovô, e o **Melbin**, o meu canário, ele também tem uma história?

— Claro, e na história dele você participa, da mesma forma que da minha história você também faz parte. Bem, vou deixar que a História conte a você o que é o **Alzheimer**. Tenho certeza de que ela vai lhe explicar muito bem.

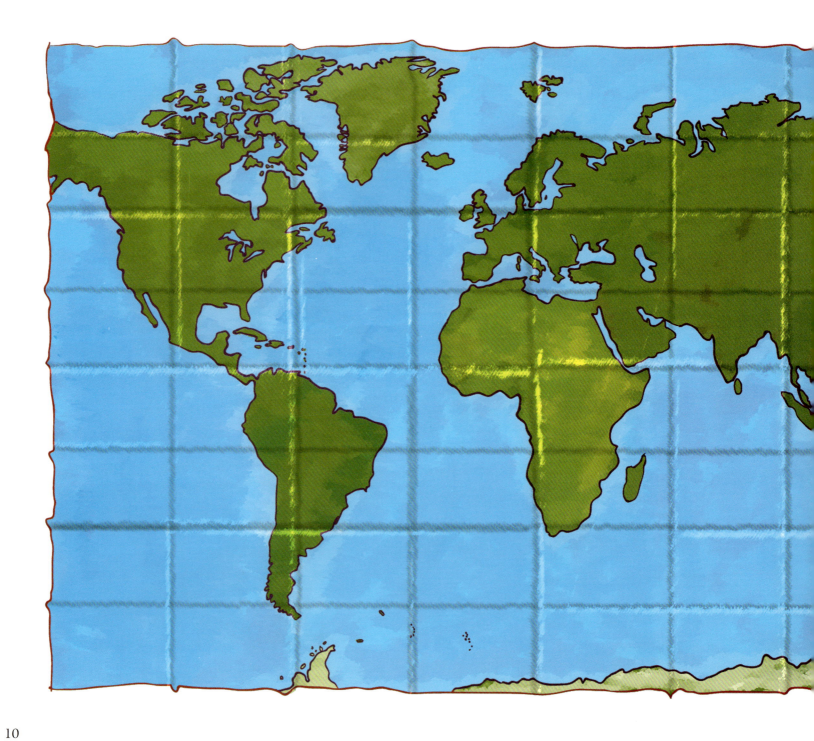

MARKTBREIT
UM VIZINHO MUITO ESPECIAL

Se você pegar um mapa-múndi e o dobrar em quatro, ele caberá sem problemas na sua mochila. Se você o dobrar em quatro outra vez, vai caber no bolso da sua jaqueta; e se o dobrar em quatro novamente, vai caber na palma da sua mão. No alto, no cantinho desse "mundo de papel", vai aparecer o país onde se passa a história que vamos contar: Alemanha.

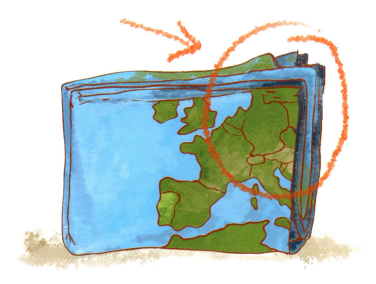

Agora, com cuidado, pegue uma lupa e aproxime a lente nesse país o máximo que puder e prepare-se para descobrir algo surpreendente. Observe: a Alemanha está dividida em muitas regiões. Coloque a lente sobre a região sul, sobre a Baviera, e olhe. Logo você vai encontrar Marktbreit, uma cidade pequena na qual se passa esta história. Uma história que aconteceu de verdade, há mais de cem anos.

Você consegue ver um fio azul? Esse fio azul é o Rio Main, o rio que passa por Marktbreit; um rio que se vai tornando cada vez maior, cada vez mais encorpado, graças às águas de outros rios, como o Tauber e o Nidda. O Main é um rio que parece que sabe escrever: ao percorrer a Baviera traça uma curva para um lado e depois para o outro, em forma de "M", como a inicial de seu nome, como o "M" de Marktbreit, percorrendo centenas de quilômetros antes de desembocar no mar.

Desenhei um mapa de **Marktbreit** para você. Se o colocar sob uma lupa poderá ver um dos meus lugares preferidos. Vamos ver se consegue encontrá-lo. Passeie pelas ruas de Marktbreit em direção ao centro da cidade. Perto de uma casa azul você vai ver um senhor de bigode e chapéu, que numa mão segura balões coloridos e na outra, uma cesta com pirulitos, na qual está pendurado um fantoche. Achou?

Agora procure uma casa com um telhado preto, um relógio na fachada e flores vermelhas nas janelas. Este é o meu lugar preferido: **Malerwinkel**, um museu que fica sobre o Rio Main e que todo mundo gosta de fotografar.

Há um local que poucas pessoas conhecem e que
você precisa visitar, se algum dia for a Marktbreit.
É uma casa que fica na **Würzburgerstrasse** número **273**,
uma rua não muito longe do centro da cidade
e onde aconteceu esta história,
há muito, muito tempo,
mais de cem anos atrás.
Na biblioteca de
Marktbreit há um **livro**
bem divertido, uma
espécie de diário
com muitas ilustrações,
escrito por alguém que
vivia ali, quando esta
história aconteceu.

O nome dele é **Wurst**, sem sobrenome, e é nada mais nada menos do que um **bassê**, aquela raça de cachorro que parece uma **salsicha**, o único bassê que havia naquela época em Marktbreit.

Vou ler esse diário para você...

3 de agosto de 1863

Dias atrás encontrei no jardim um lápis. Evidentemente era do Sr. Görres, meu dono. Então o recolhi e o levei para a minha casinha. No outro dia, encontrei um caderno numa lixeira e, como não acredito em casualidades, comecei a pensar na razão destas descobertas. E ficou claro para mim que era hora de realizar o meu sonho: ser escritor. Mas por onde começar? Certa vez ouvi alguém dizer que o melhor modo de começar seria escrevendo um diário. É claro que eu não vou escrever todos os dias, porque, para um cachorro como eu, não acontecem tantas coisas assim; além disso, não sei se alguém vai se interessar pelas histórias comuns da minha vida canina. Bem, o importante é forçar-se a escrever para adquirir segurança e estilo próprio. De modo que estou começando.

Hoje posso contar que chegaram vizinhos novos no número 273: um casal de jovens que, se ouvi bem, se chamam Eduardo e Teresa. Vieram com uma criança, um menino que deve ter, mais ou menos, a minha idade, dois anos. O nome dele é Karl. O meu é Wurst. Aliás, isso nem precisava dizer.

15 de fevereiro de 1864

Fui para a rua para esticar as patas e, num lixo, encontrei um pneu de triciclo. Levei-o para a minha casinha sem que o Sr. Görres me visse.
A Sra. Teresa vai ter um bebê, então, logo teremos mais alguém na vizinhança.

14 de junho de 1864

São nove da noite, e antes que as luzes se apaguem vou anotar algo que me aconteceu hoje. Nesta manhã, depois de um café de ossos com leite, decidi dormir um pouquinho na nova casa que o Sr. Görres, meu dono, construiu para mim no jardim. Depois de lutar um pouco contra as moscas incômodas que se dão ao trabalho de invadir o meu território, consegui dormir.

Perto do meio-dia, o choro de um bebê me acordou. Vinha de perto, bem perto, da casa ao lado, que fica no número 273 da Würzburgerstrasse. Levantei-me. Saí da minha casinha, saí do jardim, corri muito, muito mesmo, tanto que cheguei a passar da porta de entrada. Então, dei meia-volta e comecei a correr de novo, muito rápido, e finalmente consegui parar no número 273. Coloquei meu cabeção e parte do meu corpo por entre as grades do portão de entrada — ser um cachorro salsicha tem lá suas vantagens —, e comprovei que realmente temos mais alguém na vizinhança.

Todos sabíamos que, se fosse menino, ele se chamaria Alois. Mas ninguém, nem mesmo Wurst, que descobria tudo antes de mim, sabia que esse bebê chorão se transformaria num homem muito famoso.

Acrescentado pelo Sr. Görres em 1º de janeiro de 1909

1º de julho de 1864

Dentro da minha casinha de cachorro, desenhei no meu diário a enorme bétula de ramos compridos e tronco branco que cresce grudada na fachada da casa vizinha, no jardim do número 273. Gosto dessa árvore, porque ela me avisa da mudança das estações. Se eu tivesse lápis de cor, eu a teria pintado como a vi hoje, vestida de verde e com milhares de pássaros piando a manhã toda com muita força.
Pena que eu não possa descrever os sons que saíam daqueles ramos: parecia um enorme pássaro verde cantando.

1º de setembro de 1864

Brinquei com o Karl no jardim do número 273. Apostei algumas corridas com ele e ganhei. O problema foi quando ele fez de mim um cavalo e sentou-se nas minhas costas: "Upa, cavalinho!!!". Ainda bem que a Sra. Teresa veio me salvar e tirou de cima de mim o pequeno cowboy, que quase me esmagou. Agora minhas costas doem muito.

Vi o Alois descansando numa toalha, debaixo da bétula. Deitei ao seu lado e pude comprovar que logo, logo ele será tão comprido quanto eu. Algumas folhas da árvore ficaram amarelas. Os pássaros já não cantam tão alto. Acho que o outono está chegando.

21 de setembro de 1864

A bétula trocou de roupa. Hoje, pela manhã, vi da minha casinha que suas folhas ficaram amarelas, como num passe de mágica. Depois do almoço, quando eu estava tirando um cochilo, um som parecido com o rugido das ondas do mar me acordou. Era o vento, agitando os ramos da bétula. Soprava com força, espalhando as folhas por todos os lados, como se fossem borboletas amarelas. Tirei a cabeça da minha casinha e vi o Sr. Görres correndo atrás de um par de meias que ele tinha estendido e que o vento estava levando embora. Foi um espetáculo de cor e de som, por isso eu quis tomar nota.

Chegou o outono!

28 de setembro de 1864

Passei o dia fora porque todos os anos, quando chega o outono, o Sr. Görres, que é um homem tradicional, organiza a festa da salsicha, um evento que eu detesto profundamente porque acho de extremo mau gosto. Ele convidou o Sr. Eduardo e a Sra. Teresa, que vieram com seus dois filhos.
Alois está enorme...
Comprovei que estou em plena forma. Depois de andar dois quilômetros, cheguei ao centro da cidade sem me cansar. Passei o dia no mercado de Marktbreit. Devido à minha estatura só conseguia ver sapatos e pernas, mas, fazendo um esforço, pude enxergar as bancas de frutas e de artesanato. Achei tudo bem interessante!

29 de setembro de 1864

Ontem, depois do meu passeio pela cidade voltei para casa sem vontade de jantar.
O cheiro de salsicha era ainda bem forte.
Eu sentia dor nas patas e só queria deitar e dormir. Estava quase fechando os olhos quando vi uma garrafa de suco de maçã num canto. Eu não a tinha visto antes. Quem a terá deixado ali? Não quero desconfiar do Sr. Görres, mas acho que ele abriu o meu diário.
Estou com calafrios.
Espero que não seja febre.

1º de outubro de 1864

Hoje não aconteceu nada de especial. Foi um dia de sol, bem tranquilo. O Sr. Görres passou o dia roncando numa rede no jardim, e eu aproveitei para organizar a minha casinha. A bétula só tem uma folha amarela na copa, que parece desafiar o vento e a chuva destes dias. Logo tudo estará coberto pela neve.

Tomei uma decisão: amanhã esconderei o diário num lugar seguro.

16 de agosto de 1870

Já faz seis anos que não escrevo no meu diário. Enterrei-o para que o Sr. Görres não o lesse e acabei me esquecendo de onde o tinha escondido. Usando meu faro de cachorro detetive, depois de cinco dias de busca, o encontrei na minha casinha, isso mesmo, na minha própria casinha! O Sr. Görres está muito chateado, porque diz que alguém decidiu fazer buracos por todo o jardim e estragou as suas tulipas. Eu fiz de conta que não tinha nada a ver com aquilo... Perdi a prática e noto que preciso pensar bastante antes de escrever as palavras. Acho que vou repassar o alfabeto.

Aa Bb Cc Dd

17 de agosto de 1870

Repassei o alfabeto hoje pela manhã. Quero escrever agora algo que me esqueci de escrever ontem. Bem, na realidade não precisaria nem escrever isso, de que estou escrevendo agora aquilo que ontem me esqueci. Ai, ai, ai, me enrolei todo!

O que eu quero dizer é que nesses seis anos a família dos vizinhos cresceu. Alois já não é mais um bebê, e agora ele tem outros irmãos, além do Karl: Joana, Eduardo e Alexandre. A bétula também cresceu. Todos cresceram, menos eu, que estou sempre do mesmo tamanho. O Sr. Görres também cresceu, ou melhor, envelheceu.

Ee Ff Gg Hh Ii

8 de setembro de 1870

Hoje brinquei com as crianças no jardim.
Elas transformaram a bétula num "barco-pirata",
me amarraram no "mastro" e me puseram um tapa-olho.
A verdade é que não gosto muito dessas brincadeiras
humanas, porque não entendo o que quer dizer
esse tal de "faz de conta". Só sei que, de repente,
os meninos gritaram "Atacaaar!!!". Aí uns tentavam
me libertar da árvore em que eu estava amarrado e
outros tentavam impedir.
Ainda bem que a
Sra. Teresa apareceu
e acabou com
a pirataria.

22 de setembro de 1870

Vi o Sr. Görres preparando
a mesa no jardim:
cheiro de festa da salsicha.
Amanhã vou passar o dia fora.

28 de setembro de 1870

Escrever está ficando cada vez mais fácil.
Hoje me transformei num verdadeiro
cachorro-espião. Depois do café da manhã,
saí da minha casinha e estava me espreguiçando
no jardim quando, exatamente no mesmo
momento, Karl e Alois saíam da casa 273.
Alois me viu, me cumprimentou e fez coceguinhas
atrás das minhas orelhas. Os dois irmãos iam
andando muito felizes, com suas mochilas nas
costas. Decidi segui-los mantendo-me a distância,
escondendo-me atrás das árvores de vez em
quando para que não me vissem, e comprovei
que estavam entrando na escola, um lugar no
qual não é permitida a entrada de nenhum tipo de
cachorro, nem mesmo de um cachorro simpático
com vontade de estudar o alfabeto e aprender a
escrever com letra bonita...

31 de dezembro de 1870

Perdão, diário, faz três meses que não escrevo. Está acabando o ano de 1870. Na rua, ouve-se muito barulho.
O Sr. Görres preparou para mim um jantar especial: pedaços de osso com queijo roquefort e torta de maçã com geleia de morango.

1º de julho de 1871

As aulas acabaram e as crianças estão de férias. Hoje Alois passou a tarde toda no jardim, desenhando. Ele fez um desenho da nossa bétula e também me deu várias dicas. Depois assinou-o embaixo com seu nome e sobrenome. O nome dele é curto e fácil de escrever. Já o sobrenome é comprido e complicado, mas ele sabe escrevê-lo perfeitamente. Alois só tem sete anos, mas desenha muito bem. Comparei o desenho dele com o que eu fiz. Acho que tenho de aprender a desenhar...
Há uma escola de artes no final da rua.
Vou procurar me informar.

14 de setembro de 1871

Já faz alguns meses que não escrevo nada. Desculpas eu posso encontrar aos montes, mas, na verdade, foi por preguiça. Acho que não é bom ficar sem fazer nada. Eu poderia aprender a desenhar, ou então a lutar caratê, que seria muito útil para me transformar num cachorro-detetive bem melhor do que já sou. Acompanhei Karl, Alois e Joana à escola. Às vezes me esqueço de que tenho que fazer isso às escondidas, embora eu agora me pergunte: por que preciso fazer isso às escondidas?

16 de setembro de 1871

Hoje acompanhei as crianças à escola sem me esconder. Obviamente é muito mais cômodo. À tarde me distraí com um jogo novo e esquisito, com números. Fiquei ouvindo e não entendi nada, mas quase morri de sono: Karl dizia "2 vezes 2", e Alois respondia "4". Depois, "2 vezes 3", e Alois respondia um número que não lembro mais.

30 de novembro de 1871

"Que frio! Três graus abaixo de zero!", diz o Sr. Görres. Não sei se isso é pouco ou muito, mas posso dizer que o solo está mais gelado do que nunca. Pela manhã acompanhei as crianças, encapotadas em seus sobretudos, até a escola. Também vi um cãozinho usando gorro e capa com estampa escocesa, combinando com as roupas de sua dona.
Sinto dor nas patas. Seria reumatismo?
Espero que não. Minha avó teve reumatismo e mal conseguia se mexer.
Seria legal ter umas botas com solado de borracha...

17 de maio de 1872

Sinto muito, diário. Só agora, depois de vários meses, o Sr. Görres me deixou sair. Todo este tempo eu o passei na casa dele, me recuperando. No fim das contas o que eu tinha não era reumatismo, mas gripe de cavalo, que é horrível. O fato é que, depois das patas, começaram a me doer os ossos, os dentes e as orelhas. Minha cabeça latejava e passei a ver imagens duplas. Assustado, deixei meu osso, saí da minha casinha, bati na porta da casa do Sr. Görres e me estendi sobre o capacho. Foram meses muito tranquilos, nos quais descobri que, além de mim, o meu dono, tem um hamster, três tartarugas de água e um periquito. Será que ele está montando um zoológico? A propósito, o periquito se chama Pólvora.

1º de junho de 1872

Hoje brincamos de médico e paciente, uma brincadeira humana surpreendente. Eu tinha que me fingir de doente, e foi muito fácil porque eu me lembrava da minha gripe. Alois era o médico e observou, com uma lupa, a minha coluna vertebral e as minhas orelhas. Aconselhou-me a levar uma vida tranquila e a não levantar pesos. Como eu era o único paciente, a brincadeira acabou bem rápido. Depois vi Karl ensinando Alois a fazer barcos de papel. Num deles Alois colocou o meu nome e depois me deu. Agora tenho um barco! Agora só preciso me lembrar de como se nada. Aprendi quando era pequeno, minha avó me ensinou — a que tinha reumatismo —, mas nesses últimos anos não tive oportunidade de praticar outro esporte que não fosse correr.

Coloquei o barco junto com a garrafa de suco de maçã. Não me lembro por que preciso dessa garrafa. Vou guardá-la até me lembrar. Se eu lembrar.

14 de junho de 1872

Hoje Alois fez oito anos.
O tempo passa!
Faz calor. A caminho da escola, ao atravessar a ponte
de madeira que cruza o Main, Karl e Alois jogaram dois
barcos de papel no canal, um de cor vermelha e outro,
azul. Ambos levavam o nome do capitão do navio,
ocupando um lado inteirinho, com letras desiguais. Joana
e eu, como simples marinheiros, vimos os barquinhos
voar por cima do corrimão e depois desaparecer ao
longe, arrastados pela correnteza. Karl disse a Alois que,
navegando no Main, o seu nome chegaria até o mar.

Ninguém, nem mesmo Wurst, que ficava
sabendo tudo antes de mim, sabia, naquela
época, que o nome de Alois chegaria
muito longe, até mesmo além-mar.

Acrescentado pelo Sr. Görres no dia 1º de janeiro de 1909.

30 de junho de 1872

Cheirando a xampu, faço a última anotação depois de organizar minha casinha. O Sr. Görres vai passar uma temporada em Londres e vai me deixar na casa da Frau Floh, uma senhora desconfiada, afirma o Sr. Görres, que parece estar sempre com "com a pulga atrás da orelha". Eu nem sabia que os humanos tinham pulgas! Antes de jantar, me lavaram da cabeça aos pés, ensaboaram até a minha consciência. Nem vou dizer quanto tempo fazia que eu não tomava banho...

Já arrumei minha bagagem: levo minha manta escocesa e meu osso diplódoco, que não tem mais gosto nenhum de osso, mas com o qual gosto de dormir. Vou esconder o diário num lugar seguro, com o barquinho de papel. A garrafa de suco de maçã eu deixo no canto, juntamente com a roda do triciclo.

Adeus, diário. Até a volta.

8 de setembro de 1872

Enfim em casa! Lar, doce lar. Nunca mais volto à casa da Frau Floh: foram meses terríveis. Naquela casa vivem Zucker e Honig, dois gatos mimados, um tigrado e outro ruivo. Os dois me aprontaram uma série de cachorradas. Toda manhã deixavam suas cacas no meio do jardim, e Frau Floh descontava em mim! Ela, melhor do que ninguém, deveria conhecer o ditado popular: "quando o gato sai,
os ratos fazem a festa".
E o pior de tudo é que
me mantiveram
amarrado a
uma corrente
o tempo todo.

Muitas vezes me senti como a Cinderela do conto infantil. Não gostei nada, nada, nada dessa experiência. Da próxima vez que o Sr. Görres resolver viajar nas férias, irei para o centro de Marktbreit, nem que seja para viver debaixo de uma escada.
Perdoe-me, diário, pelo desabafo e mau humor. Sei que não é culpa sua. Posso lhe dizer que neste verão senti falta de escrever.

10 de setembro de 1872

Não acredito! Agora é Joana quem brinca com o jogo esquisito dos números. Alois lhe pergunta "2 vezes 2" e ela responde "4". Depois "2 vezes 3" e ela precisa responder "6". Depois "2 vezes alguma coisa" e ela responde "não me lembro". Também brincamos de carrinho de mão, uma brincadeira humana que eu achei particularmente selvagem. Consiste em fazer corridas andando com as patas da frente no chão, enquanto seguram as suas patas traseiras. Estou com dor nas patas e na cabeça de tanto ficar arrastando o focinho. Acho que já estou velho demais para esse tipo de brincadeira...

27 de setembro de 1872

A bétula está vestida de amarelo. Aproxima-se a festa da salsicha.

29 de setembro de 1872

Passei o dia visitando o centro de Marktbreit, para deixar o Sr. Görres à vontade com a sua churrasqueira. Cheguei perto da estação para ver os trens que parecem imensas lombrigas metálicas, envoltas numa nuvem branca, engolindo as pessoas para levá-las daqui para lá. Notei que todo mundo fica me olhando. Minha mãe diria que sou exagerado, mas não estou exagerando, não. Todos os humanos, e até mesmo alguns cachorros, quando me veem, se surpreendem: "Olha, um salsicha!". Na praça do mercado encontrei a animação de sempre. Voltando para casa pensei que gosto mais da vida tranquila do nosso bairro. Os lugares muito movimentados me deixam atordoado. Estou muito cansado. Será que estou ficando velho?

31 de dezembro de 1872

Faz frio. Minhas unhas estão petrificadas, mas acho que o frio que sinto dentro de mim é pior. Hoje é o dia mais triste de minha vida canina. Jantamos na casa dos vizinhos, Eduardo e Teresa. Todas as crianças estavam de pé, inclusive Elisabeth, a caçula, que é a que mais se parece comigo porque anda como eu, de quatro, e enxergamos tudo da mesma altura. Em determinado momento, quando eu

estava quase acabando de jantar, o Sr. Görres se levantou e, com uma taça de vinho na mão, disse algo que me deixou mudo, sem latidos: "Gostaria de aproveitar o momento e anunciar-lhes que vou passar um ano em Londres". Todos disseram: "Ooohhh!!!". E depois Alois disse: "E o Wurst?". O Sr. Görres não respondeu. Eu vou-me embora para o centro de Marktbreit. Para a casa de Frau Floh é que não volto!

9 de janeiro de 1874

Lar, doce lar! Enfim voltamos! Deixamos Londres coberta de neblina. Durante todo esse tempo em que eu estive fora, Alois cuidou do meu diário. Foram meses de imersão na língua inglesa. Agora posso dizer que o esporte de corrida se chama jogging; que o evento que o Sr. Görres faz todos os anos chama-se hot dog's day. Au-au se diz woof. Não recordo como são escritas muitas palavras. Vou repassar o dictionary.

14 de junho de 1874

Happy birthday, Alois! And happy new year. Ai, ai, ai, me perdi: esta frase se diz só no final do ano. Esse é um dos preços que se paga por ser um cachorro bilíngue.

15 de setembro de 1874

Agora posso dizer, com certeza, que o first day of september foi o dia mais triste da minha dog's life. Há dias eu já vinha observando como as folhas da bétula se tornavam amarelas e, hoje de manhã, a partir do observatório canino da minha casinha, ouvi barulho de despedidas. Abandonei meu osso, saí da minha casinha para o jardim, corri, corri muito, até

chegar à porta do número 273. Lá estavam os pais de Alois e seus irmãos Karl, Joana e Eduardo, chorando de dar dó. Também estavam Alexandre e Elisabeth que, sentados no chão, choravam porque não entendiam o que estava acontecendo. O que estava acontecendo era que Alois estava indo embora. Ele me viu, me pegou no colo e me abraçou forte, muito forte, e disse: "Adeus Wurst, até breve". E então chorei, chorei muito, muito mesmo. Quem disse que cachorro não pode chorar? Voltei para

casa, peguei meu osso e passei o dia no centro de Marktbreit, às margens do Main. Um pato, ao ver-me, jogou-se na água assustado e se afastou rapidamente até se tornar apenas um pontinho branco lá longe, do mesmo jeito que aconteceu naquela vez com o barco de papel de Alois.

5 de outubro de 1878

Restam muito poucas folhas neste caderno e esta é a desculpa perfeita para eu parar de escrever. Depois dos últimos acontecimentos ocorridos em minha rua, a Würzburgerstrasse, não haverá muitas coisas para escrever, porque não haverá novidades para contar, nem pessoas queridas das quais falar porque elas foram embora.

Meus amigos se foram, voaram, disseram: bye-bye, au revoir, auf wiedersehen, adiós, arrivederci.
O Sr. Görres fica dizendo que iremos a Aschaffenburg visitá-los. Mas quando? Estou chorando há dois dias. Sinto dor nos olhos. Será que vou precisar de óculos? Ontem eu estava dormindo depois do almoço quando, de repente, uma voz forte, que vinha de perto, do número 273, me acordou: "Cuidado, cuidado!". "Cuidado com o quê?", perguntei-me.
Para descobrir a resposta eu precisava averiguar: levantei, saí da minha casinha para o jardim, corri, corri muito, e só fui parar quando bati numa poltrona. Caí para trás, esborrachado na calçada e todo dolorido, vendo um monte de estrelinhas de várias cores. Então ouvi: "Cuidado, Guilherme, você quase esmagou um salsicha!". Eu protestei no melhor estilo canino: com um au-au desafinado.

Dois fortões estavam colocando o sofá dos vizinhos num caminhão enorme. Depois, algumas cadeiras, uma mesa, uma caixa, um berço, um cavalo de madeira... Voltei para minha casinha para pensar: o que estaria acontecendo? Descobri a resposta à tarde. O Sr. Görres e eu fomos nos despedir dos vizinhos. Eduardo e Teresa haviam decidido se mudar para Aschaffenburg, cidade onde o Alois está morando há quatro anos. Foi uma despedida daquelas de verdade, uma despedida definitiva, uma despedida seguindo todas as regras, com beijos e abraços das crianças — o pequeno Alfredo quase me estrangulou —, e frases daquelas que são ditas para aliviar: "Sr. Görres, o senhor será sempre bem-vindo em Aschaffenburg; vamos esperar a sua visita e a do Wurst".

Todos nós choramos, até o Sr. Görres. A bétula vestida de amarelo também parecia estar chorando, agitando os ramos como se dissesse adeus.

Peguei meu osso e fui para as margens do Main.
E, como sempre, ouvi: "Olha, um cachorro salsicha!".
"Grande novidade", pensei.

Adeus, diário. A partir de hoje vou parar de escrever e me dedicar à leitura, na biblioteca da cidade. Se bem que ainda acho que preciso de óculos de leitura. Quem sabe os do Sr. Görres me sirvam?

Passaram-se muitos anos desde que Wurst decidiu parar de escrever. Desde então aconteceram muitas coisas. Reli o seu diário. Em alguns momentos eu ri, em outros, chorei. E antes de levar o diário para a biblioteca municipal, pois creio que possa ser útil para a História, quero anotar uma coisa que certamente Wurst teria gostado muito de saber: Alois terminou os seus estudos em Aschaffenburg com notas muito boas, sobretudo em Ciências, e em 1883 começou a faculdade de Medicina em Berlim.

Acrescentado pelo Sr. Görres no dia 1º de janeiro de 1909.

ASCHAFFENBURG – DESPEDIDAS

Você se lembra do dia em que Alois foi embora de Marktbreit? Certamente você se perguntou: "Para onde foi Alois?". Bem, pegue este mapa e examine-o com uma lupa. Há algumas nuvens cinzentas muito próximas de um fio azul. Você está vendo? Não são nuvens de tempestade; é a fumaça que uma locomotiva ofegante está lançando no ar, enquanto avança devagar pela estrada de ferro, ao longo do Rio Main.

Agora focalize a lente no segundo vagão. Você está vendo um senhor com um chapéu preto, dormindo e quase caindo do banco? Ao seu lado, olhando por uma janela, há uma criança. Aos seus pés você pode ver uma pequena maleta, com duas letras: A.A. São as iniciais do seu nome. Você deve ter adivinhado que se trata de Alois, que, aos dez anos,

chorou ao deixar a cidade de Marktbreit para ingressar no Instituto de Aschaffenburg, no dia 1º de setembro de 1874, como em outros tempos haviam feito seu pai e seu tio Jorge. Pela janelinha viu que o rio o acompanhava, deslizando tranquilamente, avançando com ele. De repente ele se deu conta de algo que o consolou: o Rio Main, forte e misterioso, unia as cidades: Marktbreit e Aschaffenburg.

Feliz com este pensamento, parou de chorar.

E tomou um susto, porque o homem do chapéu preto, aquele que estava roncando ao seu lado, caiu e bateu a cabeça, o que fez um barulhão.

Com efeito, como deixou anotado o senhor Görres no diário de Wurst, Alois terminou os seus estudos em Aschaffenburg. Tirou notas excelentes, sobretudo em Ciências. Uma coisa que sempre o intrigou no Instituto é que os professores nunca o chamavam pelo primeiro nome, só pelo seu sobrenome.

WÜRZBURG – DESCOBERTA DO MUNDO MICROSCÓPICO

Em 1883, com dezenove anos, Alois começou a faculdade de **Medicina** em Berlim, onde morou sozinho por alguns meses. Depois, mudou-se para Würzburg, uma cidade próxima a Marktbreit, onde seu irmão Karl estava estudando.

Agora, observe este desenho da Universidade de Würzburg. A única janela aberta é a do laboratório, onde os alunos faziam **experiências**. Era preciso ter muito cuidado, pois ali havia objetos de cristal bem frágeis e frascos de diversas cores, com etiquetas nas quais se liam nomes esquisitos como: "vermelho de metila", "permanganato de potássio", "sulfeto"… e substâncias perigosas que poderiam pegar fogo ou machucar gravemente a pele.

Certo dia do ano de 1884, quando Alois estava perto dos vinte anos, aconteceu algo surpreendente. O professor Kolliker, que há vários dias vinha explicando como era o cérebro humano, colocou para os seus alunos um preparado no microscópio.

– Observem e anotem aquilo que vocês veem – disse-lhes em tom misterioso.

Alois aproximou seus olhos da lente. Foi então que descobriu a existência de um mundo habitado por seres microscópicos: as células, partículas menores do que as moscas que nos incomodam no verão; menores até do que as pulgas que às vezes ficavam pulando nas costas do já velhinho Wurst, embora o Sr. Görres procurasse mantê-lo sempre limpo. Seres que não podem ser vistos com uma simples lupa porque, como são microscópicos, só podem ser percebidos com o microscópio.

Foi então que Alois sentiu um toque em seu ombro. Alguém o chamava.

– Alzheimer? Vai ficar dormindo aqui no laboratório? – resmungou o professor Kolliker. – É hora de ir embora!

O aluno, surpreso, olhou ao redor e se deu conta de que estava sozinho. Recolheu o seu material e saiu, sob o olhar atento do seu mestre.

Quatro anos mais tarde, no dia 4 de junho de 1888, Alois Alzheimer obteve o título de doutor em Medicina, sob o olhar atento e emocionado do seu orientador, o professor Kolliker.

"Professor Kolliker, é hora de ir embora", pensou Alois.

FRANKFURT –
ALGUMAS CARTAS CHEIAS DE RECORDAÇÕES

Mais uma vez, naquele dia do mês de março de 1901, três dias depois do falecimento de Cecília, Alois chorou, e não se importou com isso.

Olhou para a arca que eles tinham comprado anos atrás na Itália, durante a viagem de lua de mel. "Como vamos levá-la?", a voz de Cecília soou em algum canto da sua memória, de forma nítida, distante e próxima ao mesmo tempo. "Guarde a chave na gaveta da minha mesa", disse-lhe Cecília, ao chegarem em casa.

Alois abriu a gaveta da pequena mesa de madeira clara e viu uma caixa comum de papelão cinza, em cuja tampa Cecília, com sua caligrafia refinada, havia posto um nome: Alois. O que Cecília guardava ali? Alois levantou a tampa e encontrou algumas cartas, não muitas, amarradas com um cordão de couro.

Impressionado, verificou que se tratava de sete cartas e de um telegrama, que num passado não muito distante ele havia recebido. No silêncio do seu quarto, releu tudo o que encontrou e chorou muito, sem se importar com isso.

Frankfurt, 16 de dezembro de 1888.

Prezado Dr. Alzheimer,

Em resposta à sua solicitação enviada no dia 14 de dezembro, fico feliz em comunicar-lhe que me sentirei muito honrado de que ocupe o lugar de médico assistente, se ainda estiver interessado em trabalhar em nossa Instituição.

Caso aceite este trabalho, peço-lhe de coração que venha assim que lhe for possível. Aproveito a presente carta para devolver-lhe os diplomas e certificados que nos enviou.

Aguardando do senhor uma pronta resposta, saúdo-o com afeto e atenção.

Assinado: Dr. Sioli

Aschaffenburg, 29 de dezembro de 1888.

Querido filho,

Quando você receber esta carta já terá passado o Natal e já terá começado o ano de 1889. Meu Deus, como o tempo voa! No dia 24 celebramos o nascimento do Menino Jesus e, cantando Noite Feliz, lembramos muito de você. Acho que a festa do dia 31 será, como todos os anos, com muito barulho, mas, também, muito alegre. Li três vezes a sua última carta e posso lhe garantir que já quase a sei de cor. Você contou que está trabalhando em uma grande Instituição, situada nas proximidades de Frankfurt, rodeada de parques e jardins muito lindos. Fala que são apenas três médicos para atender quase 250 enfermos, todos graves. Pelas suas palavras posso adivinhar, portanto, que o trabalho está sendo muito duro. Todavia, meu filho, eu acho que sua presença é indispensável. Se você for embora, quem cuidará dos doentes?

Seja valente e trabalhe com muita disposição, tratando todos com humanidade.

Um abraço de seu pai, que ama você e sente muito a sua falta.

Eduardo

Aschaffenburg, 13 de abril de 1889.

Querido filho,

Fiquei muito feliz com o que você me contou em sua última carta. Eu a li quatro vezes e acho que a sei de cor! Para um velho, como seu pai, é um recorde, você não acha?

Pelo que disse, você e o novo diretor clínico, Dr. Nissl, têm muitas coisas em comum, especialmente o amor pela pesquisa e pela Ciência. Posso imaginar vocês atendendo os pacientes e conversando sobre os possíveis tratamentos que, com o tempo, poderão se tornar revolucionários.

Aloisy — me perdoe, errei ao escrever seu nome —, por favor, descanse e não deixe de agradecer ao Dr. Sioli a confiança que ele demonstra ter em vocês. Mostre a todas as pessoas que você gosta do que faz.

Estou muito orgulhoso de você.

Um abraço de quem o ama muito, seu pai.

Eduardo

Aschaffenburg, 1º de abril de 1894.

Querido filho,

Apresso-me em responder à sua última carta, e faço-o com as mãos tremendo. Não sei se tremo por causa da idade ou porque você me diz que quer se casar com Cecília Geisenheimer. Você diz que se trata de uma moça maravilhosa e que se sente o homem mais feliz do mundo. Se é assim, o que posso lhe dizer? Filho, você tem a minha bênção.

Permita-me uma confidência: faz oito anos que sua mãe morreu e posso lhe garantir que todos os dias, muitas vezes, me lembro dela. Às vezes ainda pergunto a ela: "Teresa, o que fizemos de melhor na nossa vida? Qual é a nossa maior herança?". Eu quase posso ouvi-la respondendo, como antes: "Nossos filhos". "Sim, é verdade, tenho muito orgulho deles", acrescento eu.

Aloisy, você se lembra das palavras que estavam gravadas na fachada do cartório em Marktbreit? "Vede aqui minha casa construída sobre a rocha, minha esperança, lugar de paz e alegria." Tomara que seu lar seja assim!

Só lhe peço que faça o possível para vir nos visitar antes do final do ano. Todos sentimos sua falta.

Receba um abraço feliz de seu pai.

Eduardo

Berlim, 1º de maio de 1894.

Querido amigo:
Fiquei sabendo que você se casou.
Parabéns!
Se eu passar por Frankfurt,
o que agora me parece um tanto difícil,
não deixarei de lhe fazer uma visita.
Prometo.
Um afetuoso abraço de seu velho amigo.

Ernest

TELEGRAMA

CORREIO DE HEIDELBERG
SETEMBRO DE 1895.

PARA: ALOIS ALZHEIMER
      FRANKFURT

CHEGADA HEIDELBERG BEM. ESCREVEREI. FRANZ.

Heidelberg, 3 de novembro de 1895.

Querido amigo,

Eu disse que iria escrever! Viu como sou um homem de palavra? Antes de voltar para casa, envio-lhe estas linhas aqui do laboratório do hospital, sentindo um forte cheiro de álcool. Estou aqui há apenas algumas semanas, mas parece que já se passaram anos. O trabalho é enorme, e são incontáveis as possibilidades de pesquisa, embora eu sinta falta do ambiente de Frankfurt, das nossas conversas e das nossas experiências.

Você não poderia dar um jeito de vir passar uma temporada aqui em Heidelberg? Sei que é difícil, ainda mais agora que você tem a responsabilidade de ocupar meu lugar, mas considere isso pelo menos como uma possibilidade.

Como está Cecília? E Gertrude? Um grande beijo a ela da parte do seu padrinho.

No Natal vou passar alguns dias em Frankfurt. Com a esperança de vê-lo o quanto antes, receba um abraço forte do seu amigo.

Franz

Elisabeth Alzheimer

Aschaffenburg, 1º de janeiro de 1901.

Querido irmão,

Recebi sua carta alguns dias atrás.

Como está Cecília? E as crianças?

Você me pergunta se eu poderia ir passar uns dias em Frankfurt e ajudar Cecília com as crianças e com a casa. É claro que a minha resposta é sim, mas há um inconveniente: eu teria que me hospedar na casa de vocês e não sei se isso seria possível. Você pode conversar sobre isso com Cecília e me responder o que decidiram? Imagino que Gertrude já esteja uma mocinha e que Hans, com seus quatro anos, deve ter dado uma espichada desde a última vez que o vi. E Marie? Com certeza, está maravilhosa.

Estou louca para vê-los.

Sua irmã que o ama,

Elisabeth

Alois passou uma temporada em Heidelberg, e em outubro de 1903 mudou-se para Munique, no sul da Alemanha. Embora Alzheimer não tenha voltado a viver em Frankfurt, ele se lembraria sempre com gratidão daquela cidade, pois foi lá que conseguiu seu primeiro emprego, foi lá que viveu os anos mais felizes de sua vida casado com Cecília, e foi lá que ele exerceu a Medicina durante muitos anos.

Mas será em Munique, num dia do ano de 1906, que acontecerá algo de grande importância para a Humanidade.

Quando isso aconteceu, Cristina, você ainda não tinha nascido. Eu vou lhe contar...

MUNIQUE –
A DESCOBERTA

Em Munique, Alzheimer encontrou aquilo que mais queria: um laboratório onde podia trabalhar e pesquisar. Agora, estava ali, diante dos seus olhos. Era de formato retangular, com amplas janelas de um lado. Tinha seis mesas de madeira maciça e bancos giratórios sem encosto. O instrumental – os frascos e provetas, os recipientes e crisóis, os tubos de ensaio –, os reagentes, tudo estava arrumado de forma ordenada em estantes e armários. Nesse laboratório, criado pelo prestigioso médico Emil Kraepelin, trabalhavam também uns outros dez pesquisadores: Rodríguez Lafora, Cerleti, Bonfiglio, Jacob...

No dia 6 de outubro de 1903, todos saudaram com profundo respeito o homem que, daí em diante, seria o diretor do laboratório.

— Doutor, sou Nicolás Achucarro, da Espanha.

— Sou Frederic Lewy, meu senhor.

— Doutor Alzheimer, meu nome é Gaetano Perusini, sou italiano.

Em pouco tempo se deram conta de que Alois Alzheimer era um médico inteligente e trabalhador, que contagiava os demais com o seu otimismo e paixão pela Ciência. Ninguém tinha o menor problema em pedir-lhe conselhos e ele procurava atender a todos com paciência, sem pressa, estimulando-os a tentar tudo várias vezes, sem se deixar vencer pelas dificuldades.

Entretanto, apenas um deles, Gaetano Perusini, sabia que uma coisa preocupava o doutor Alzheimer acima de tudo, um assunto que ele próprio lhe contara algumas semanas depois de chegar a Munique:

— De todas as doenças cerebrais que tive ocasião de ver em **Frankfurt**, há uma que não consegui identificar, que não compreendo e não sei por que se desenvolve. Fico incomodado ao pensar que há uma **doença sem nome**, cujas causas são desconhecidas e que nós, médicos, não sabemos como tratar.

— Que doença sem nome é essa?

Alzheimer contou a Perusini o caso de **Auguste Deter**, uma mulher que havia sido internada no Instituto de Doentes Mentais de Frankfurt, em novembro de 1901, devido a uma **perda progressiva da memória**, que a impedia de levar uma vida normal. Por exemplo, quando cozinhava, esquecia-se das panelas e as deixava no fogo. Passava horas e horas andando pelos corredores de sua casa organizando e guardando as coisas, e logo depois demorava horas e horas para encontrar. Certa vez seu marido encontrou uma caixa com lenços na despensa, que a esposa negou ter colocado naquele lugar. Pior foi quando a Sra. Deter saiu caminhando pela rua e mais tarde, quando quis voltar para casa, não conseguia se lembrar do endereço.

De novembro de 1901 até junho de 1903, Alois acompanhou aquela senhora. Comprovou que realmente ela tinha **falhas de memória**: não se lembrava do seu nome ou do nome dos seus parentes mais próximos; esquecia-se de palavras que tinham acabado de lhe dizer, como **bicicleta**, **colher, maçã**...

Além da perda de memória, Alzheimer observou que ela caminhava sem parar de um lado para outro, levando coisas daqui para lá, falando coisas sem sentido. Com o passar do tempo,

Auguste Deter começou a esquecer as letras, depois as palavras, até que um dia não conseguia mais se comunicar com as outras pessoas.

"Como é possível que essas coisas aconteçam com uma mulher de 51 anos de idade? Há pessoas mais velhas, com 80 anos ou mais, que têm sintomas parecidos, mas... Deve haver algo em seu cérebro que não funciona bem, algo que esteja influenciando em sua memória", pensava Alois.

Durante três longos anos o Dr. Alzheimer procurou encontrar, auxiliado pelo Dr. Perusini, as causas da doença da Sra. Deter. Para isso estudavam casos semelhantes. Mas Alzheimer estava convencido de uma coisa: a única forma de saber o que estava acontecendo com a Sra. Deter era analisar no microscópio as fibras nervosas do seu cérebro, o que, com ela viva, era impossível. Contando apenas com as informações que o Dr. Sioli lhe repassava de Frankfurt, Alzheimer chegava apenas a um beco sem saída, um ponto a partir do qual era difícil seguir adiante.

Todos os dias Alois era o último a sair do **laboratório** e muitas vezes, enquanto tirava o seu jaleco branco, dizia para si mesmo: "Por hoje chega. Quem sabe amanhã conseguiremos progredir... quem sabe... Que **surpresas** nos trará o amanhã?". E dava uma última olhada. "Tudo está em ordem. É hora de ir embora." Apagava a luz e fechava a porta.

Numa manhã do dia 23 de abril de 1906, Alois estava cansado, muito cansado. Olhando distraidamente pela janela, dizia para si mesmo: "Precisamos mudar o procedimento. Não podemos desistir. Quem sabe se tentássemos...".

— Dr. Alzheimer, este pacote chegou para o senhor – disse-lhe Perusini, seu fiel colaborador, enquanto lhe entregava um pacote embrulhado num papel marrom.

— Urgente e frágil – leu Alzheimer. – O que será isso?

Olhou para o remetente: Emil Sioli, Frankfurt.

Num instante, como se adivinhasse o conteúdo, o seu coração disparou. Com as mãos trêmulas começou a desembrulhar o pacote. Uma carta com o seu nome, escrita pelo Dr. Sioli vinha junto com um pacote pesado, também embrulhado em papel marrom. Nele lia-se: "MUITO FRÁGIL". Seguido pelo olhar atento do Dr. Perusini, colocou com cuidado o pacote sobre a mesa e leu a carta.

Frankfurt, 12 de abril de 1906.

Meu querido amigo,

O que eu não daria para ver a sua reação quando souber o motivo desta carta e verificar o conteúdo do pacote que deve estar em suas mãos! Há alguns dias faleceu, em nosso Instituto, a Sra. Auguste Deter. Quando você mudou para Munique, há quatro anos, eu prometi mantê-lo informado. Um ano atrás eu lhe disse que a saúde da Sra. Deter havia piorado consideravelmente. Nos últimos meses, prostrada na cama, falava de forma confusa e rejeitava os cuidados das enfermeiras e qualquer alimento.

O marido dela nos concedeu a devida permissão para, depois que ela morresse, estudar o cérebro da Sra. Deter com o objetivo de realizar as pesquisas microscópicas necessárias. Então nós o enviamos para você, o mais rápido possível. Acho que agora poderão ser esclarecidas as causas da tal doença sem nome.

Se precisar de minha ajuda, saiba que estarei à sua inteira disposição. Desejo-lhe sorte em suas pesquisas e estou certo de que, muito em breve, chegará aqui, em Frankfurt, a notícia de uma grande descoberta. Enquanto isso, receba uma calorosa saudação do seu amigo.

E. Sioli

Quando acabou de ler a carta, entregou-a ao Dr. Perusini. A emoção que sentia era impossível de ser contida. Ele queria gritar, correr... E como sempre acontecia, quando ficava emocionado, ele chorou, e não se importou com isso.

No dia seguinte, bem cedinho, o Dr. Alois Alzheimer e o Dr. Gaetano Perusini colocaram um preparado no microscópio com uma microfibra do cérebro da Sra. Deter. Durante sete meses repetiram as observações microscópicas muitas vezes. Nenhum dos dois descansava. Haviam esperado muitos anos para poder dar um nome à doença sem nome, e sabiam que faltava pouco para conseguir.

Enfim, no dia 3 de novembro de 1906, o Dr. Alois Alzheimer apresentou, diante de centenas de médicos reunidos em Tübingen, na Alemanha, as conclusões às quais havia chegado com sua pesquisa, intitulada

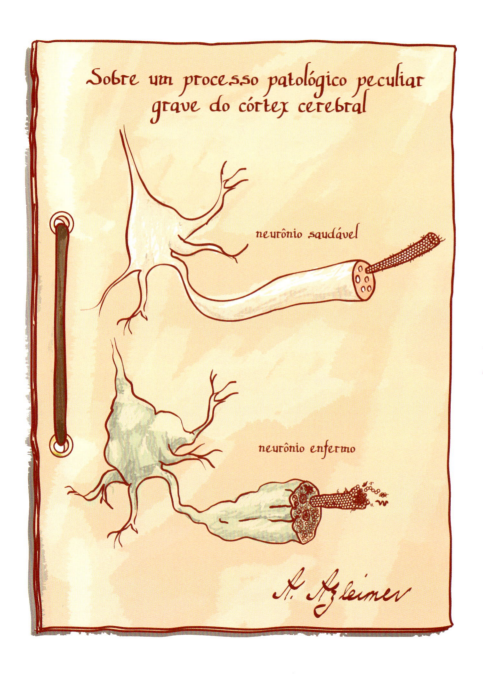

"Sobre um processo **patológico** peculiar grave do córtex cerebral".

Estudando o cérebro da Sra. Deter, Alzheimer descobriu que muitos dos **neurônios** dela estavam seriamente danificados, apresentando duas estruturas estranhas às quais chamou placas e nós. Havia muitas delas no cérebro de Auguste Deter, então Alois Alzheimer concluiu que elas eram a causa da doença.

Essa era a razão pela qual a Sra. Deter não se lembrava do próprio nome ou do nome de seus parentes mais próximos. Por isso ela se esquecia de palavras que tinham acabado de lhe dizer, ou andava levando coisas daqui para lá, e falava coisas sem sentido.

Como essa descoberta foi feita pelo Dr. Alois Alzheimer, a doença que atualmente acomete mais de 25 milhões de pessoas em todo o mundo – a mesma doença que a Sra. Auguste Deter tinha muitos anos atrás – passou a se chamar, desde aquela época até hoje, Mal de Alzheimer.

— Cristina, você gostou do que a História nos contou?

— Gostei, sim, vovô... Mas... O que o Alois fez depois disso?

— Sei que no ano de 1912 ele foi viver em Breslávia, na Polônia, e lá, além de continuar suas pesquisas, tornou-se também professor. E assim, todos os seus conhecimentos foram transmitidos aos seus alunos.

— Eu também quero ser professora! Ele ainda mora lá na Polônia, vovô?

— Não, Cristina. No dia 19 de dezembro de 1915, o coração dele parou de bater e Alois Alzheimer morreu.

Cristina ficou pensativa e o avô percebeu isso.

— Você lembra quando Alois nasceu? Você lembra que ninguém imaginava – nem o Wurst, nem o Sr. Görres, nem o irmão dele, o Karl... – que o nome de Alois chegaria do outro lado do mar? Pois agora o mundo inteiro fala dele, porque toda vez que alguém fala de *Mal de Alzheimer* está se referindo à doença que **Alois descobriu**.

— É verdade!

De novo Cristina ficou em silêncio e de novo o seu avô não demorou nem um segundo para perceber isso.

— Cristina, no que você está pensando?

— Sabe o que é, vovô? Eu gostei muito da história do Alois, mas... é que... não entendi bem o que são essas **placas** e **nós** que Alois viu pelo microscópio. Por que aparecem essas coisas? Não dá para tratar com remédio?

O avô perdeu o fôlego. Como explicar a uma criança tão pequena algo tão difícil? Como explicar de uma forma simples algo que os médicos explicam com centenas de páginas nos livros? Mas logo ele **pensou** num modo de fazer isso.

— Cristina, sente aqui, pertinho de mim. Vou explicar isso a você através de um conto. Acho que você vai conseguir entender o que são essas placas e esses nós.

— Oba, mais história!

— Na parte superior da cabeça dos seres humanos, bem aqui — e o avô tocou na cabeça de Cristina —, debaixo dessa espécie de caixa dura do crânio, está o nosso Centro de Inteligência, também conhecido como *Central Neurosystem Intelligence*, ou simplesmente CNI. Nesse Centro é muito difícil de entrar, para não dizer impossível, pois três muralhas elásticas de cor cinza, separadas por fossos cheios de água, o protegem de espiões, de machucados e de vírus invasores.

É no CNI, que se parece muito com uma cidade com seus modernos edifícios envidraçados, amplas avenidas, parques e estacionamentos para motos e carros, que trabalham os neurônios. A missão deles é transportar a informação que chega do mundo exterior, por exemplo: *o semáforo está vermelho*; ou então, *há um crocodilo faminto no salão.* E também levar ordens concretas aos músculos: *é preciso parar*; ou: *fuja, antes que seja tarde demais!*

É fácil imaginar a velocidade com a qual se trabalha e o mais surpreendente de tudo é que nenhum neurônio fica nervoso. E para os esquecidos, na entrada dos edifícios, no tapete das casas, inclusive em grafites pelos muros, há uma mensagem expressa com os seguintes dizeres: "DEIXE SEUS NERVOS DO LADO DE FORA".

Certo dia, uma célula-neurônio, vestida de cinza com um gorro azul, seguia dirigindo seu imenso caminhão, no qual estava escrito: "Transportes Sensacionais Express". O veículo deu a volta na grande praça circular com quatro tanques de água cristalina, parando na Avenida Hipocampo, diante do Memory Place ou Grande Biblioteca, o lugar mais interessante do Central Neurosystem Intelligence.

Brigite, a motorista de gorro azul, buzinou avisando de sua chegada. E começou a descarregar a mercadoria que havia trazido; a certa altura, quase deixou cair o que tinha nas mãos, quando uma voz, às suas costas, lhe disse: "Quem ama você?".

– Erdnuss, você quase me mata de susto! – respondeu Brigite. – É sempre assim. Você não sabe dizer outra coisa?

– Erdnuss quer amendoim.

— Não, outra coisa, outra frase.

— Quem ama você? Quem ama você?

— Ah, deixa pra lá. Vejo que você não sabe mesmo dizer outra coisa.

Erdnuss era o papagaio recepcionista do Memory Place e, em treze anos trabalhando lá, havia aprendido somente duas frases, que repetia sempre, servissem ou não. O pássaro assinou o comprovante de entrega e ficou com a cópia rosa. Brigite deu a partida no caminhão e se foi. Erdnuss se acomodou sobre um dos sacos, adotou uma postura solene e soltou um assobio agudo, longo e desafinado, imitando o som de uma corneta.

— Já estamos indo, já estamos indo — ouviu-se lá de dentro.

Outras duas células-neurônio, Hilda e Helga, gêmeas idênticas, saíram da Biblioteca. Há anos trabalhavam naquele lugar, recebendo informações e atendendo a pedidos 24 horas por dia.

— Quem ama você? — disse Erdnuss, entregando a cópia da nota fiscal a Helga.

— Você! Você me ama.

— Oh, sempre igual – queixou-se Hilda. – Quando é que você vai ensiná-lo a dizer outra coisa?

Acompanhadas por **Erdnuss**, que não parava de repetir que queria amendoins, colocaram os pacotes com assombrosa

rapidez no *Collect Place*, um lugar de pequenas dimensões ocupado por uma esteira transportadora bem comprida, uma máquina trituradora gigante, na qual estava escrito: **"PARA ESQUECER, TRITURAR"**, e onde um cartaz rosa-choque chamava a atenção do cliente com a frase: **"PROIBIDA A ENTRADA DE PESSOAS NERVOSAS"**.

As gêmeas dispunham de apenas 20 segundos para esvaziar e classificar o conteúdo de cada saco antes de colocar na esteira. Se não conseguissem, o conteúdo do saco evaporava, desaparecia.

– Vamos ver o que temos aqui? – murmurou Hilda, enquanto desamarrava a corda de um dos sacos. – Parecem números – e derramou o conteúdo na **esteira transportadora**.

– Sim, são números – confirmou Helga. – Acho que são tabuadas. Olhe, estão em sequência, e cada um deles é seguido pela palavra "vezes".

Apertaram um botão, acendeu-se uma luz verde e a esteira começou a se mover levando os números, a sequência e a palavra "vezes", que desapareceram por detrás de uma janelinha. A esteira, então, parou.

— E este pacotão? Ah, disso a Ingrid vai gostar. São imagens de animais selvagens. Metade delas são repetidas; parece que algum humano foi novamente ao **zoológico**.

Apertaram um botão, acendeu-se uma luz verde, e a esteira começou a se mover novamente, agora levando as imagens dos hipopótamos e das zebras, que desapareceram. Depois de alguns segundos, a esteira parou.

Ingrid e **Astrid**, do outro lado da janelinha "engole-tudo", trabalhavam numa sala de teto alto, com prateleiras do chão até em cima, chamada **Long Place**. Ali arquivavam tudo o que chegava do *Collect Place*, ou seja,

tudo o que o ser humano memoriza é guardado com a data e a hora exatas do recebimento. Há pastas de arquivo para as poesias, para as orações, para as tabelas de ciências, para os teoremas matemáticos, para os segredos… Álbuns para imagens e fotografias, caixas vermelhas para as experiências perigosas, difíceis de esquecer, e baús para recordações especiais. Há potes de cristal que guardam aromas e esponjas grandes, de várias cores, capazes de absorver milhares de melodias, sons e canções. Num quadro gigante são anotadas as coisas que têm de ser feitas pelo ser humano.

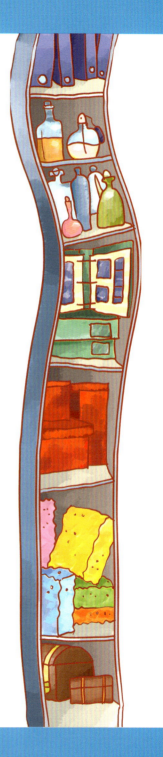

— Ingrid, as tabuadas devem ser arquivadas juntas, cada uma com a sua sequência e com a palavra "vezes". Caso contrário, ficam sem sentido. Estas imagens de animais estão repetidas. Poderíamos guardar algumas para fabricar o sonho desta noite. Vejamos... esta da zebra vai ser muito útil para mim; o restante das fotos você pode deixar passar, para que sejam trituradas.

— Astrid, quando é que você vai me ensinar a criar sonhos? Não quero que me aconteça de novo, como no outro dia. O pobre humano ficou se lembrando do pesadelo por semanas e semanas, até conseguirmos triturá-lo. Não sei como consegui fazer essa bagunça.

— Ah, Ingrid, minha querida, para criar um bom sonho você antes precisa pensar. Criar um sonho não é fazer uma salada de absurdos.

Então Astrid começou a falar como se estivesse diante de um público ansioso por aprender a cozinhar.

– Se você quiser preparar um pesadelo campeão, siga estes simples passos de *chef*: recolha algumas fotos ao acaso ou aproveite alguma imagem que não tenha sido classificada. Depois escolha uma música, também ao acaso, a primeira que encontrar. Coloque as fotos umas ao lado das outras, junte-as, acrescente algumas frasezinhas de arquivo, uma música de fundo e... *voilá*, prontinho: um pesadelo.

– Você é uma figura! – disse Ingrid, às gargalhadas.

– Ingrid, querida, você me diz isso todos os dias.

Ainda se ouviam as risadas de Ingrid quando, no **Long Place**, soou uma sirene e uma luz vermelha começou a piscar. Esse era o sinal de que o humano estava começando uma **prova** ou participando de uma competição de perguntas e respostas. Em casos assim o mais importante é a agilidade e a recuperação das informações solicitadas no Collect Place no menor tempo possível. As duas células pararam de rir, ajustaram os seus **patins vermelhos**, puseram seus gorros também vermelhos, apertaram um botão enorme que mudava o registro para "voz alta" e esperaram ansiosas.

Ouviu-se a voz de Hilda:

— **Prontas?**

— Sim, – responderam em coro – preparadas para a ação!

— A criança Auguste Deter está fazendo uma prova de Ciências.

— Ai, não! – exclamou Astrid. – Vai ser um desastre!

— Psiu! – ordenou-lhe Ingrid. – Não adiante catástrofes, mantenha a calma e prepare-se para encontrar a informação. Você sabe: os atlas estão na estante de cima, corpo humano no fichário azul, animais no vermelho, países e capitais no lilás...

— Astrid, Ingrid! A menina está tentando lembrar de que se alimentam as plantas.

— Ela não estudou o tema das plantas – comentou Ingrid perplexa. – O que faremos?

— Vamos ver, Ingrid, pense. Auguste não estudou isso, mas esteve em aula quando o tema foi explicado, pelo menos eu acho. Alguma coisa deve ter ouvido.

— É verdade, Astrid. Você é o máximo!

— Ingrid, querida, você me diz isso todos os dias. E agora, rápido! É preciso buscar as esponjas.

Patinando a toda velocidade, aproximaram-se da estante onde estavam guardadas as esponjas "absorve-sons". Pegaram uma de cor verde escuro e a torceram uma vez. Então, da esponja começou a sair todo tipo de ruídos: *Muuuu, quack-quack, o porco é um animal do qual se aproveita tudo...*

— Puxa, isso é do dia em que visitaram a fazenda. Precisamos torcer essa esponja o máximo que pudermos. O tema das plantas é da semana passada.

Foi o que fizeram. Pegaram a esponja e a torceram com todas as suas forças. Dessa vez, ouviu-se outra coisa: *As plantas têm raiz, caule, folhas, flores e frutos. Pela raiz a planta absorve... A terra é o planeta no qual vivemos e tem forma de laranja.*

— Mas... não diz nada sobre o alimento das plantas!

— Ingrid, querida, não se inquiete. É como sempre:

Auguste deve ter se distraído quando isso foi explicado. O que fazer?

Apertaram o botão "voz alta", e Astrid falou:
— Hilda, Helga, perdão pela demora. Não temos nenhuma resposta em nossos arquivos para esta pergunta. Sentimos muito. Câmbio. Desligo.
— Obrigada. Câmbio. Desligo.

Passaram-se meses e anos, e em Long Place continuavam com o trabalho de arquivar o material pendente. Certo dia, a luz vermelha do registro voz alta começou a piscar. Astrid apertou o botão e logo se ouviu a voz de Hilda e, bem lá no fundo, a de Erdnuss dizendo que queria amendoim.
— Ingrid, é você?
— Não, sou eu, Astrid. Fale, Hilda.
— Desculpe, Astrid, nunca acerto!

– Não se preocupe. Fale, fale!

– Fomos avisados pela Central. Num dos próximos dias vai passar por aqui a Dra. Glial. Você já sabe do que se trata: é a revisão de todos os anos.

– Sim, posso imaginar, como sempre.

E então começou a falar imitando a Dra. Glial, dizendo com voz rouca:

– Astrid, você emagreceu um grama e está com olheiras. Nada de estresse, nem de gorduras. Tome estas proteínas Tau, uma cápsula de manhã, uma à tarde e outra à noite. Quer que eu anote?

– Sabe que você é ótima? – disse Hilda, dando uma gargalhada.

– Sim, querida, me dizem isso todos os dias. Obrigada por nos avisar. Ah, escute, dê amendoins a Erdnuss.

– Entendido! Câmbio. Desligo.

Alguns anos mais tarde, uma minúscula motocicleta vermelha, parecida com a dos entregadores de pizza, chegava até a porta do Collect Place fazendo uma pequena derrapagem. Erdnuss abriu a porta ao mesmo tempo em que imitava o som de uma campainha: *ding-dong!*

— Já vou, já vou! — gritou Hilda.

Helga, estirada sobre uma poltrona, dormia profundamente.

— Nossa, o que é isso? — disse Hilda, olhando para a enorme caixa de ferramentas que a motorista estava carregando.

— Serviço de manutenção, senhora.

— Manutenção? Que eu saiba não havíamos solicitado.

— Sei que não solicitaram, mas a Central está levando adiante um plano de detecção de riscos. Precisamos fazer uma revisão completa.

— Não quero ser indiscreta, mas eu posso perguntar por quê? Está acontecendo alguma coisa? É que estou surpresa. Há 48 anos trabalho aqui e nunca tivemos um plano de... como é que você disse?

— **Detecção de riscos**, senhora.

A motorista baixou a voz e, em tom confidencial, disse:

— Bom, corre o boato de que Auguste tem falhas de memória. E se Auguste Deter tem falhas de memória, o erro deve estar aqui, no **Memory Place**. Você não acha?

— Bem, sim. Quer dizer, não sei... Então... tudo bem. Revise e faça tudo o que for necessário.

Depois de alguns instantes a célula-neurônio da manutenção se despediu:

— Não encontrei nada de anormal: a esteira transportadora funciona perfeitamente. Espero não tê-las incomodado. Tenham um bom-dia. Tchau!

– Quem era? – perguntou Helga, levantando-se da poltrona com os cabelos despenteados e os olhos semiabertos.

– Ninguém, querida. Serviço de Manutenção – disse Hilda, incomodada com aquela visita inesperada.

Naquele mesmo dia chegou o carteiro com um pacote pequeno, embrulhado num papel marrom. Duas palavras escritas

em vermelho: "URGENTE" e "PERIGO" advertiam que o seu conteúdo deveria ser tratado com cuidado. Hilda olhou para o pacote com receio... "O que pode ser tão perigoso?", pensou. Abriu-o lentamente e, ao ver o conteúdo, ficou com os nervos à flor da pele e exclamou:

– Oh, não!

O que ela tinha diante de si, aquela coisa pequena de cor laranja com bolinhas amarelas, urgente e perigosa, era nada mais nada menos do que um saco transportador de piadas. Fazia muito tempo que Hilda não via um daqueles sacos de riso, mas ainda se lembrava da última vez que um saco assim havia passado pelas suas mãos. A tarefa de arquivar piadas ou pegadinhas não era nada fácil, pois estas aproveitavam qualquer furo para escapar e dissipar-se. Por isso, uma vez aberto o saco, era preciso pegá-las, colocá-las na esteira e enviá-las rapidamente ao Long Place.

— Helga, você está pronta? Vou abri-lo. Bem, lá vamos nós! Um, dois... três!

Hilda abriu o saco e a piada, quando viu a luz, saiu em disparada e foi para debaixo da esteira transportadora. Fazendo caretas e mostrando a língua, olhava para Hilda e dizia:

— Você não me pega, você não me pega!

Hilda correu de um lado para o outro, enquanto Helga dava risadas, olhando a cena sem se mexer. Depois de alguns segundos, a piada se dissipou.

— O que aconteceu?! – perguntou Hilda chateada, apertando o braço de sua irmã. – Por que você ficou aí parada?

— Ai, ai, ai! Você está me machucando, me solte! — exclamou Helga, tentando se desvencilhar.

As duas se olharam silenciosas e ficaram assim por longos segundos, até que Helga falou com voz trêmula:

— Eu tinha que tê-la agarrado, não é mesmo? Acontece que... não sei o que está acontecendo comigo... eu ando esquecendo tudo — e começou a chorar.

— Quem ama você, quem ama você? — repetiu Erdnuss, pousando sobre o seu ombro.

— Me desculpe! Venha aqui, Helga, não chore. Tudo bem. Todo mundo pode esquecer uma coisa ou outra...

Entretanto, não se tratava de um fato isolado. Helga tinha esquecimentos frequentes: às vezes se esquecia de apertar o botão da esteira transportadora e, então, a informação se dissipava. Certa vez triturou um monte de palavras, pensando que eram repetidas. Um dia, inclusive, Erdnuss lhe pediu amendoins e ela não o reconheceu: "De onde saiu

esse passareco?". Também começou a sentir-se cansada. Não conseguia mais ficar de pé por muito tempo, classificando informações.

Por tudo isso, Hilda achou melhor chamar a Dra. Glial, que lhe receitou o de sempre: "O complexo proteico Tau, dois dias de descanso e nada de estresse, nada de gorduras, nada de nada". Mas Helga, ao invés de melhorar, piorava. Passava a maior parte do tempo adormecida, os esquecimentos iam aumentando e mal conseguia se manter de pé.

Certo dia Erdnuss viu que um esplêndido carro preto, um carro da Central, aproximava-se do Collect Place. Assustado, assobiou imitando um toque de trombeta, enrolou-se no seu manto vermelho, pôs o seu gorro vermelho e o seu jaleco vermelho com botões dourados. Hilda parou de cantarolar e começou a tremer. Passou depressa um pente nos cabelos e chamou sua irmã. Helga, porém, não respondeu. Vai ver estava dormindo em algum canto, sabe-se lá.

Três células-neurônio, com traje preto e óculos escuros, desceram do esplêndido carro preto, enquanto o chofer, também de preto, com um jornal nas mãos, ficou no interior do veículo, aparentando normalidade.

— Bom-dia, Hilda, sou **Susanne Park**, diretora de Recursos Nervosos — disse uma delas, a mais alta e mais forte, apertando a mão de Hilda, ao mesmo tempo em que tirava os óculos e os colocava sobre a cabeça, em forma de tiara. As duas colegas dela, muito sérias, não se mexiam.

— Há alguns meses — continuou a primeira, — estamos tendo problemas com Auguste Deter. Ela fica desorientada, **tem dificuldades para ler e escrever** porque esqueceu o alfabeto. Executamos um plano de detecção de riscos e...

— Sim, já sei — interrompeu Hilda sem deixá-la concluir a frase. — Passamos por uma revisão e estava tudo em ordem.

— Isso mesmo, mas as **falhas** são cada vez mais frequentes. Dias atrás a Sra. Deter não lembrava nem onde tinha colocado as chaves da sua casa. Fizemos um pedido urgente e **não obtivemos resposta**. Posso perguntar por quê?

– Veja bem...

Hilda se lembrava perfeitamente daquela situação. Haviam-lhes solicitado uma lembrança concreta e urgente: onde Auguste Deter havia deixado **as chaves**? No *Long Place*, Ingrid e Astrid procuraram em fichários recentes e antigos, em pastas de arquivo e em baús. O dado **não aparecia**. Procuraram muito, por todo lugar, e no final, depois de um

121

tempo muito longo, Helga confessou que havia triturado a informação. Mas o pior de tudo é que ela não sabia por que havia feito isso. E agora Hilda não sabia o que responder.

— Compreendo, não precisa responder — dispensou-a Susanne, vendo que ela se encontrava numa situação constrangedora. — Poderíamos dar uma olhada nas instalações?

— Claro que sim, fiquem à vontade, sintam-se em casa. Erdnuss as acompanhará — respondeu Hilda, sem conseguir esconder seu nervosismo.

— Muito bem. Mas... e a Helga? Ela não está? — perguntou Susanne estranhando.

— Ah, a Helga! Então... Bem, na verdade... ela está e não está — respondeu Hilda, gaguejando.

— Interessante o fato de ela estar e não estar. Bem, não vou mais retê-la.

Guiada por Erdnuss e seguida pelas outras duas colegas, Susanne Park começou a **inspeção**. Logo depois Hilda ouviu o barulho de sirene de um carro da polícia. Era Erdnuss que a estava chamando, lá da esteira transportadora. E ali, diante do olhar atônito de Susanne Park, encontrou sua irmã enrolada como um **novelo** de lã, numa posição muito incômoda, roncando estrepitosamente.

Então não foram mais necessárias palavras. Imediatamente **Hilda** entendeu que sua irmã precisava de ajuda.

No dia seguinte, Helga, acompanhada da Dra. Glial, saiu do Collect Place para entrar no Hospital Central. Erdnuss, disfarçado de enfermeiro, fez de tudo para entrar na ambulância e, antes que o retirassem de uma almofada de penas, pôde dizer a Helga, no ouvido:

— Quem ama você?

A ambulância começou a andar e, na primeira curva, Erdnuss, que estava sobre a capota agarrado à sirene, foi lançado pelos ares.

— Vocês se deram conta das manchas que Helga tinha nos braços e nas pernas? — murmurou Ingrid, inquieta. Astrid e Hilda também tinham visto isso. O que estava acontecendo com Helga?

Os dias seguintes foram os mais estranhos da história do Memory Place. Hilda jamais se havia separado de sua irmã gêmea e a lembrança dela vinha-lhe continuamente à cabeça. Erdnuss havia perdido o seu bom humor habitual e, de vez em quando, como fazem os papagaios quando estão tristes, suspirava profundamente. As visitas ao Hospital Central estavam proibidas. A Dra. Glial havia sido muito clara ao afirmar:

– É preciso esperar. Nada de visitas. Nada de nada.

E Hilda esperou. E Erdnuss esperou. Até que, enfim, o dia tão esperado chegou.

Hilda engraxou sua **bicicleta azul**, que há anos não usava, deixou-a brilhante, encheu os pneus e revisou os freios. Erdnuss vestiu um **terno preto**, que guardava para as ocasiões especiais, e estreou uma gravata cor de laranja vibrante. A uma ordem de Hilda, sentou-se no guidão e, nas primeiras pedaladas, começou a emitir um som parecido com o dos

carros de polícia. E assim chegaram ao **Hospital Central** bem cedinho. Antes de qualquer coisa, entretanto, tinham que passar pelo consultório do **Dr. Genaumer** – um médico muito famoso que, pelo que se dizia, havia descoberto coisas de grande importância relacionadas ao cérebro dos humanos. Era alto e gordo e seu rosto, redondo e expressivo. Usava grandes óculos de armação preta e um bigode bem aparado.

Apresentou-se como médico de Helga e, apertando a mão de Hilda e a asa de Erdnuss, acrescentou:

– Eu estava esperando vocês.

– Erdnuss quer **amendoins** – disse o papagaio na mesma hora.

– Acho que eu não tenho amendoins... Como disse que se chama?

— Erdnuss, ele se chama Erdnuss — apressou-se em dizer Hilda, envergonhada. — Quando está nervoso ele diz a única coisa que sabe. Não se importe com isso.

— Quem ama você? — protestou o pássaro.

— Ah, sim, ele também sabe dizer isso — observou Hilda.

— É curioso, muito curioso — murmurou o Dr. Genaumer, impressionado por ver um papagaio vestindo terno e gravata.

— Bem, sentem-se. Antes que vocês vejam Helga, eu queria lhes dizer algo. Sua irmã tem, digamos, uma doença. Sim, isso mesmo. Tem uma doença um pouco estranha.

— Estranha?

— Sim, estranha. Uma doença que ainda não tem nome. Podemos dizer que encontramos algo raro em sua irmã. Sim, isso mesmo, encontramos duas coisas raras.

— Duas coisas raras? — perguntou Hilda, elevando o tom de voz.

De repente, Erdnuss saiu da cadeira e voou para a mesa. Sentou-se, ajustou a gravata e ficou olhando para o médico com a cabeça inclinada, pronto para não perder nada do que seria dito.

— Hum, sim. Digamos que algo está destruindo sua irmã.

— Destruindo? – perguntou Hilda, assustada. – Como destruindo? O que quer dizer com destruindo? Não estou entendendo...

— Espere, – interrompeu-a o médico – eu vou explicar melhor.

O Dr. Genaumer pegou um abajur que estava sobre a mesa e o mostrou para Hilda, colocando-o diante dela.

— Você pode me dizer o que é isso? – perguntou-lhe o médico.

— Um abajur.

— Exatamente! É um abajur. Agora lhe pergunto: o que aconteceria se cortássemos o fio que o liga à eletricidade?

129

— Ora, o abajur **deixaria de funcionar**, é claro.

— Isso mesmo! Você é muito perspicaz. Se cortarmos o fio que o liga à eletricidade, o abajur para de **funcionar**. Então, é simples: se não houver energia, a lâmpada do abajur não acende.

— Tudo bem, mas e daí, o que é que o abajur tem a ver com a minha irmã?

— Tem tudo a ver – respondeu o Dr. Genaumer, com decisão. – Você sabe que o corpo de qualquer **neurônio**, por exemplo, o seu corpo, o meu corpo, podemos dizer, é como o fio de um abajur.

— Isso é verdade; eu nunca tinha pensado nisso. Nosso corpo é comprido; nossos braços e pernas, compridos e finos. Mas... desculpe minha ignorância, continuo sem entender o que o abajur tem a ver com a minha irmã.

— Logo você vai entender. Digamos que, no interior de nosso **corpo/fio** há outros fios menores, aos quais chamamos de **tubulinas**. Pelas tubulinas circula tudo aquilo de que precisamos para viver. Se as tubulinas estiverem danificadas, o que você acha que acontece?

– Paramos de funcionar, é claro.

– Exatamente. Primeiro nosso funcionamento passa a ser apenas regular; depois, funcionamos mal; a seguir, pessimamente e aí... Vocês já ouviram falar das proteínas Tau, não é mesmo?

– Oh, mas é claro – respondeu Hilda rapidamente. – A Dra. Glial fala delas a toda hora. Devem ser importantes.

– Isso mesmo! Podemos dizer que são algo mais do que importantes: são imprescindíveis! Graças às proteínas Tau nossas tubulinas se mantêm em perfeito estado.

– Então, minha irmã...

– Alguma coisa está destruindo as tubulinas da sua irmã. O motivo, nós ainda não sabemos. O que sabemos, depois de analisar os exames e observá-la, é que as proteínas Tau se amontoam e se enrolam. Na linguagem médica denominamos esses amontoados de nós.

— Nossa, mas isso é terrível!

— Sim. E não sabemos por que isso acontece, mas o fato é que acontece.

— E... — Hilda estava em dúvida se fazia ou não uma pergunta cuja resposta poderia ser dolorosa; mas no fim acabou falando — Helga, a minha irmã, **ela vai se curar**?

— Ainda não sabemos com certeza. Precisamos fazer outros testes e esperar. Sobretudo, esperar. É preciso levar em conta que esse é o primeiro caso que se conhece.

— Doutor, o senhor tinha dito antes que encontrou duas coisas estranhas. Até agora o senhor falou só de uma. Há algo mais, além do que já nos disse? — perguntou Hilda temerosa.

— Bem, sim, há algo mais. Helga tem **manchas** por todo o corpo.

— Sim, nós vimos isso no dia em que a trouxeram para o Hospital. Que manchas são essas?

— Na linguagem médica são chamadas de **placas**. Assim como os nós, dos quais eu lhes falei antes, são uma mistura de proteínas de nome raro, "beta-amiloides", e de outras substâncias que estamos analisando. Ainda não temos os resultados de todos os exames.

– Então, os esquecimentos e lapsos de Helga e sua lentidão no andar se devem aos nós e às placas?

– Provavelmente sim – sentenciou o doutor. – Quando soubermos algo mais a esse respeito, vamos informá-los. Bem, eu queria lhes dizer uma última coisa: por favor, quando virem Helga, comportem-se com normalidade.

– O que o senhor quer dizer com isso? – perguntou Hilda.

– Bem, digamos que algumas coisas podem surpreendê-los. Às vezes ela não se lembra das enfermeiras, não sabe quem são e as chama de Hilda, de Astrid ou de Ingrid. De vez em quando fica em silêncio muito tempo ou repete uma mesma pergunta milhares de vezes. Certo dia nós a encontramos na entrada do Hospital dizendo que estava indo para casa e no dia seguinte lembrou-se de que estava internada para exames...

Hilda engoliu em seco e Erdnuss a imitou.

– Eu lhes daria dois conselhos muito simples: o primeiro, não tentem mostrar a ela o seu erro; o segundo, não se assustem se ela não os reconhecer, o que é bastante provável.

O Dr. Genaumer acompanhou Hilda até a entrada do quarto 823. Bateu na porta e, sem esperar resposta, entrou. Helga estava ali, encolhida na cama. Parecia menor do que era normalmente.

– Helga, Hilda e Erdnuss vieram ver você.

Helga não respondeu. Limitou-se a olhar para a sua irmã e para o papagaio, sem pronunciar nenhuma palavra.

– Helga, você não vai dizer nada?

Num instante Erdnuss voou para a cabeceira da sua cama. Passou a asa suavemente pela cabeça de Helga e disse:

— Quem ama você?
— Eu, eu amo você – sussurrou Helga. — Eu amo você.

— O Dr. Genaumer estava certo em quase tudo. Ele só se esqueceu de uma coisa importante...

— É mesmo, vovô? Do que é que ele se esqueceu?

— Ele explicou que Helga, às vezes, não se lembrava dos nomes. Às vezes, não reconhecia as pessoas mais queridas. Às vezes, ficava dias e dias sem pronunciar uma palavra. Contudo, havia algo que ela reconhecia sempre: o **carinho**.

— E ela ficou boa?

— A doença de Helga era a mesma doença que a Sra. Deter tinha, a mesma doença descoberta por Alois. E essa doença, hoje, se chama...

— **Alzheimer!**

— Muito bem, Cristina! O Alzheimer, até este momento, não tem cura. Os cientistas ainda estão tentando entender por que são produzidas as placas e os nós. Quando descobrirem isso, talvez possam curar os doentes de Alzheimer. E agora, Cristina, está na hora de terminar a história. Você sabe o que se diz na Alemanha?

– Não! O que dizem, vovô? Quero saber!

– "Tudo tem um final, só as salsichas tem dois!"

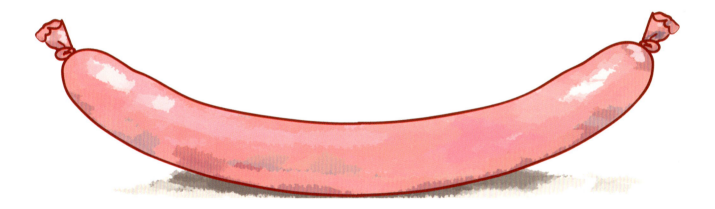

É HORA DE TERMINAR

É hora de terminar, eu sei, mas antes de colocar o "ponto final" eu queria fazer um último exercício de memória. Por isso, recorri ao meu *Memory Place* e formulei a seguinte pergunta: **Quem contribuiu para que este livro esteja agora nas suas mãos?**

Na Long Place de minha memória soou, então, uma sirene e, no mesmo instante, uma luz vermelha começou a piscar. Duas células-neurônio, com patins e gorros, ambos vermelhos, dirigiram-se velozmente para um **baú**, em cuja tampa estava escrito **"LIVRO"**. Dele retiraram a informação solicitada, a qual estava perfeitamente arquivada. Depois, no Collect Place, ouviu-se uma lista de nomes que já fazem parte da **história** deste livro.

A Konrad e Ulrike Maurer, autores da maravilhosa biografia *Alzheimer: la vida de un médico y la historia de una enfermedad*, sem a qual teria sido difícil, para não dizer impossível, recontar a história de Alois Alzheimer.

E a todas as pessoas que, de forma desinteressada, tornaram possível a realidade desta obra que você tem em mãos, e cujos nomes ficaram impressos em minha memória, digo aquilo que se diz na Alemanha:

"Agradeço-lhes de todo coração".

E se você, leitor, quiser saber mais sobre o Mal de Alzheimer, procure a ABRAz – Associação Brasileira de Alzheimer –, uma entidade sem fins lucrativos que presta assistência às pessoas que têm essa doença e a seus familiares. O endereço na internet é: http://www.abraz.org.br/, e o telefone: 0800-55-1906.

Que tal agora brincar
um pouco com algumas coisas
que fizeram parte desta história?

A primeira brincadeira que podemos
fazer é baseada no origami – a arte
tradicional de origem japonesa
de dobrar papel para criar
objetos e animais.

Vamos começar fazendo um cachorro de dobradura, em homenagem a Wurst, o cachorro salsicha que contou a primeira parte deste livro:

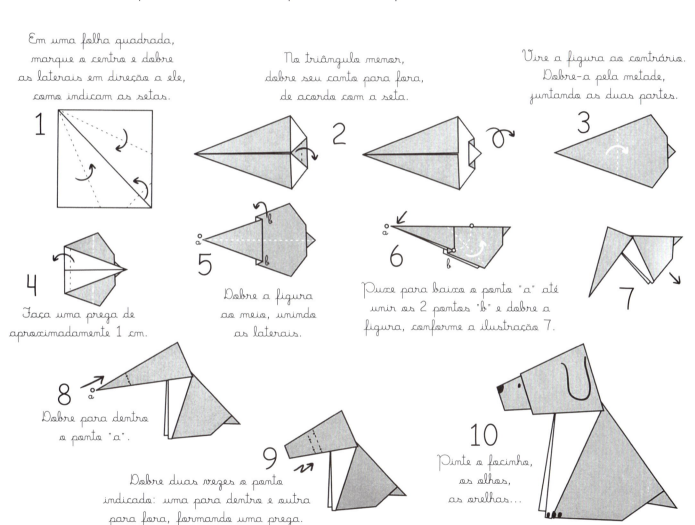

Em uma folha quadrada, marque o centro e dobre as laterais em direção a ele, como indicam as setas.

No triângulo menor, dobre seu canto para fora, de acordo com a seta.

Vire a figura ao contrário. Dobre-a pela metade, juntando as duas partes.

Faça uma prega de aproximadamente 1 cm.

Dobre a figura ao meio, unindo as laterais.

Puxe para baixo o ponto "a" até unir os 2 pontos "b" e dobre a figura, conforme a ilustração 7.

Dobre para dentro o ponto "a".

Dobre duas vezes o ponto indicado: uma para dentro e outra para fora, formando uma prega.

Pinte o focinho, os olhos, as orelhas...

141

Você se lembra que Karl ensinou Alois
a fazer barcos de papel?
Quer aprender como se faz? Vamos lá!

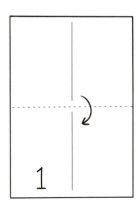

1. Dobre pela metade uma folha de papel retangular e marque o seu centro.

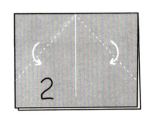

2. Dobre os cantos superiores em direção ao centro.

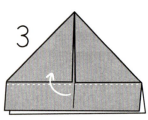

3. Levante a base.

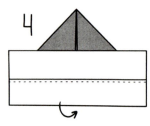

4. Repita do outro lado.

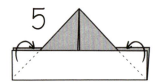

5. Dobre as pontas sobre o triângulo principal.

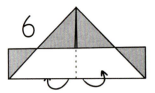

6. Empurre as laterais para o centro, formando um balão.

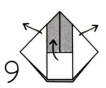

9. Puxe as laterais para fora, com cuidado.

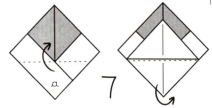

7. Dobre para cima a extremidade "a", de ambos os lados, deixando uma margem.

8. Empurre as laterais, girando a figura, assim como no passo 6.

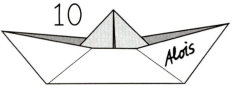

10. Você pode escrever seu nome no barco.

Agora chame algumas pessoas que você gosta – pode ser o papai, a mamãe, seu(s) irmão(s), o vovô ou a vovó – para jogar a **Trilha do Alzheimer**. Você vai precisar de um dado. As fichas coloridas, representando cada jogador, estão na lateral do tabuleiro (há duas de cada cor, para o caso de alguma se perder ou estragar). Recorte-as e comece a jogar, seguindo as instruções que estão no verso do tabuleiro!

Impresso na gráfica da
Pia Sociedade Filhas de São Paulo
Via Raposo Tavares, km 19,145
05577-300 - São Paulo, SP - Brasil - 2013